Käte Micka

Gedanken

Gedichte

© Alle Rechte bei der Autorin
Herstellung: Books on Demand GmbH, Norderstedt
ISBN 3-8330-0426-6

Eintauchen
im See der tausend Worte
Lächelnd und glücklich
auftauchen

Gedanken

Das Glück
hat ausgerechnet
mich gefunden
Ob
ich wohl
etwas Besonderes bin

Heute mag ich nicht erwachsen sein

Ich öffne die Hände
und fange den Wind
Ich schließe die Augen
ich fühl´ wie ein Kind

Ich winke
den ziehenden Wolken
und lauf´
meinem Schatten hinterher

Ich singe
ich tanze
ich lache

Der Tag ist so schön
ich freu´ mich so sehr

Zwei Seelen
ach in meiner Brust

Mir ist
als stündest du
neben mir
Mir war
als spürte ich einen Hauch

Mein zweites Ich

Eine Bitte
die ich mir erlaube
behalte mich im Auge

Ich fühle
unsagbares Glück

Nachts
in der Stille
verliere ich mich
in Gedanken

Ich sehe ein Licht
in der Dunkelheit

Ich spüre Frieden
mitten im Krieg

Ich empfinde Freude
in der Einsamkeit

Man spürt es

Wärme
ist in mir
Doch die Kälte
schleicht
wie eine Katze
durch das offene Fenster

Meine Stimme
hat den Klang
einer verstimmten Geige

Visionen

In den Armen
des Kosmos
im Geiste Gottes

Wahre Vision
getragen
von behutsamen Händen

Zelebriere die Erinnerung
an die Zeit der sanften Sonne

Die vier Ebenen
der Glückseligkeit

Die Schönheit der Natur
ist ein Gemälde des Himmels

Nur für mich

Lauf
und fang mir
den Sonnenregen ein
Lauf
und fang
den Schmetterling für mich
Denn
der Regen läßt
den Schmetterling nicht fliegen

Unabwendbar

In der Nacht
wenn
meine kleine Lampe
auf meine schreibende Hand fällt
werden
die Spuren der Zeit sichtbar

Glaube an dich

Dein Geist kann
jede Schranke aufrichten
Glaube fest
an die Realität deines Planes
Das Ergebnis wirst du
in deinen Händen halten

Nur ein Traum

Ich trinke
den Morgentau
aus Blütenkelchen
Und bade mich
in Sonnenstrahlen

Ich erwache

Schade
es war nur ein Traum

Flieg Adler flieg

Und
wenn der Adler
auch seine
schönste Feder verliert
so kann er doch
in die Freiheit fliegen

Ich mag nicht
vernünftig sein

Weit entfernt
von jeder Vernunft
befindest sich
das wahre Leben
Einfach nur genießen

Der Mensch
lebt nicht vom Brot allein

Geistige Nahrung
schmeckt so süß
wie der Nektar des Himmels

Erkenntnis
die dem Leben den Glanz
der Vielfalt vermittelt

Gedankenkraft

Eingehüllt im Nebel
der Berg der Zuversicht

Geheimnisvolles Klingen

Eine Zauberformel
und es wurde Licht

Zu meiner Freude

Sonnenglanz
überflutet den Morgen
Tautropfen tanzen
zum Gesang der Vögel
Flüsternd
schmiegt sich der Wind
auf blühende Wiesen

Gesegnetes Land
Mensch und Tier
ein enges Band

Unglaublich geheimnisvoll

*Spielend
und voller Anmut
tanzen die silbernen Arme
der alten Weide*

*Fast lautlos
erzählen sie
geheimnisvolle Geschichten*

*Sie versetzen mich in Trance
träume den Traum
eines anderen Lebens*

*Alles wird gut
finde wieder meine Balance*

Schlafend in den Frühling

Frühlingsträume
badend im Blütenmeer
erwachen benommen
von den Zauberdüften

Rosa weiße Blütenpracht

Guten Morgen Frühling
und mein Herz es lacht

Ich lasse mich fallen

Wie
leises Rieseln
der Düne am Hang
Wie leises Raunen
des Windes am Meer entlang

So höre ich
aus der Ferne
leisen Elfengesang

Höre

Der Gesang des Waldes
hallt in die Täler
der feuchten Auen
Staunend
und voller Zauber
stimmt das Echo mit ein

Andächtig
lauscht der Wanderer
wie ist
der Mensch doch klein

Ein Garten voller Zauber

Der Schatten legt sich
auf alle Mulden der Täler

Ich sehe trunken
nur das Licht
es bricht sich
im Glanze deines Haares

Wie ein Gemälde
stehst du unter dem Baum
der seine Blüten
wie ein Teppich ausgelegt hat

Lange bleibe ich stehen

Eine Oase der Stille

Frieden
flüstern all´ meine Sinne

Am Kornfeld

Das Wispern der Gräser
das Knistern der Luft
Ich saß
und wartete
auf Tränen der Freude

Die Lieder
sie klangen
sie drangen ins Herz
Und Tränen sie rannen
vorbei war der Schmerz

Schließe deine Augen

Hast du auch
den Regenbogen gesehen
Wurde deine Sehnsucht
auch so groß

Die Sehnsucht
nach der heilen Welt

Möchtest du auch
an Märchen glauben

Schließe deine Augen
und träume dir
deine eigene Welt

Nur einen Moment

Von
den traurigen Liedern
des Windes
Von
den sanften Tränen
des Regens
Von
der unsagbaren Sehnsucht
nach der Zeit der Träume

erzählt
die Geschichte
des kleinen Mädchens

Wo
sind die sonnigen Tage

Rauhreif
hat der alten Trauerweide
einen mystischen
Umhang übergeworfen

Mein Atem
wird sichtbar
in der frostigen Luft

Wehmut
geht neben mir her
Ich erblicke ein Vogelnest
es ist zerstört und leer

Ich
mache mir Gedanken

Leise
singt der Abendwind
von der Sehnsucht der Welt
Ob
die Hoffnungsmelodie
jemals
diese Sehnsucht stillt

Gesättigt vom Leben
gebändigt
von den Sünden des Lebens
Die Weisheit
kann Einzug halten

Ein Gefühl

Freiheit
fühlt sich an
wie Seide auf der Haut

Freiheit
schmeckt wie
ein salzig süßes Gericht
welches nie den Hunger stillt

Hilflosigkeit

Den Kopf geneigt
die Seele rettet sich selbst
Gedachtes wird sichtbar
Erlösend
wie ein Aderlaß

Erschöpft
Doch
auf lindernde Worte
ist immer Verlaß

Orientierungslos

Staubige Schuhe
wanderndes Auge
nirgends
ein grüner Baum
Verlangend der Wunsch
nach einem Mund voll Wasser
Nur Durst
und ein langer Weg

Illusion

Traum oder Wirklichkeit
ein Erlebnis
der ganz besonderen Art

Du stehst
auf einem hohen Berg
Du breitest
deine Arme aus
und fliegst
der Sonne entgegen

Der Wind
kann doch lesen

Schreib es
in den Sand
und der Wind weht
deine Wünsche
ins Land der Träume

Schreib es
in den Sand
denn der Wind
kann doch lesen

Kunstvoll

Beherrsche
die Kunst
der Diplomatie

Verliere nie die Beherrschung

Dein Gesicht spiegelt
dein Empfinden wider
Deine Aura
schillert violett

Du gehst aufrecht
deine Stimme klingt warm
Aber
du sagst adieu

Wie gehetzt

Den Hut
ins Gesicht gezogen
ich will keinen kennen

Distanz

Mit hastigen Schritten
nur rennen
rennen
rennen

Später

Später
werde ich
all meine Bilder betrachten
Sicher ist
ich werde eine Brille tragen

Die Bilder
werden mir
wohl am besten gefallen
auf denen
wir alle lachten

Jahrelang
bin ich gewandert
mit schweren Füßen
weil meine Schuhe
viel zu klein waren

Irgendwann

Was wird sein
wenn
ich sterben muß
Wie
wird es sein
wenn ich gestorben bin

Fragen
die irgendwann
beantwortet werden
Nur ich
werde sie nicht mehr hören

Lebenserfahrungen

Verstummen
bevor man
angefangen hat zu reden
Schweigen
sagt oft viel mehr

Wärme deine Augen
im Feuer des Vertrauens
Kühle deinen Kopf
mit kalten Überlegungen

Heute schlägst du
deinen Hund
Morgen
soll er dir
als Blindenhund dienen

Nachdenkliches

Meistens
gewöhnt man sich schnell
an jede Veränderung

Anfangs zwar zögernd
doch
immer erweitert sie
deinen Horizont
Sie verschafft dir Einblick
zu deinen
schlummernden Fähigkeiten

Wahre Worte

Manchen Menschen
mußt du Grenzen setzen
damit sie dich
nicht vertilgen
Weil ihnen jegliches
Sättigungsgefühl fehlt

Zum Nachdenken

Verletzende Worte
haben die Wirkung
einer Peitsche
Sie fügen dir
Wunden zu
die nur ganz
langsam verheilen

Wenn du schläfst

Ich mag nicht schlafen
ich genieße die Nacht
Ich will
nichts verpassen
heut´ bleibe ich lange wach

Du schläfst
und holst tief Luft
Da draußen im Garten
ein Käuzchen ruft
Auch
höre ich noch
des Nachbars Hund
Ist der noch wach
zu dieser Stund´

Ich öffne das Fenster
die Bäume sie rauschen
ich bin hellwach
und möchte nur lauschen

Unerklärlich

Ich habe
den Faden verloren
um an dem Hemd
meines Lebens zu nähen

Ich glaube
den Ort zu kennen
Er ist bei dir
du hast mich abgelenkt

Scheinbar
und ohne Zweifel
beginne ich
an mich zu glauben

Zum Licht

Quelle des Lichts

Leuchtest mir
in mein Gesicht
Kann zu dir
nicht streben
Man hält mich gefangen
hier unten muß ich leben
Sterne
stumme Lieder sangen

Laß mich atmen
das helle Licht
Laß mich ernten
die Früchte meines Lebens
Stille
den Hunger meiner Seele

Auch ich
hätte gerne Flügel

Nebel
verdeckt die Wipfel
des Regenwaldes
Vögel singen ihre Urwaldmelodie
Schmetterlinge am Flußufer
tummeln sich
zwischen groben Steinen
flattern elfenhaft
um einen
grasgrünen quakenden Frosch
Der Frosch
schaut sehnsuchtsvoll
zu den Schmetterlingen
Warum habe ich
nur keine Flügel
und meine Stimme
ich kann ja
nicht einmal singen

Aber platsch

Ich kann ja schwimmen

Distanz

Bilder
an die man sich
irgendwann
nur ganz blaß erinnert

Bilder
die irgendwann
ausgelöscht sind

So daß
die Seele aufatmen kann

Erfahrungen

Der richtige Weg
führt oft
in eine Sackgasse
So kann man
immer wieder
einen ganz
neuen Weg einschlagen

Weisheit im Alter
ist der Lohn
eines intensiv
gelebten Lebens

Jeder auf seine Weise

Der Tauber gurrt
die Katze schnurrt
die Mücke surrt
der Hund er knurrt
und
der Vater murrt

Zeitlos schweben

Oft
läuft die glückliche Zeit
wie Sand
zwischen den Fingern davon
Oft
geht die Zeit
mit schleppenden Schritten

Minuten werden zu Stunden

Zeitlos schweben
für alle Zeiten

Die eigene Welt

Was siehst du
wenn
du die Augen schließt
Was sprichst du
wenn du stumm bleibst

Hinter deiner Stirn
lebst du
in einer Welt
die nur du kennst

Fernweh

Fort
nur fort
nicht nur
in meinen Träumen

Es muß doch
einen Ort geben
einen ganz kleinen

Nur zum Weinen

Zeichen
die Wunder wirken

Gib
den Weg frei
Hebe die Hand
und setze ein Zeichen
Wische
den Schatten von der Wand

Wenn du willst
dann bleibt immer
ein Stückchen Glück

Der Nebel
nimmt dir die Sicht
Doch
ein kleiner Funke
ist auch ein Licht

Nur gedacht

Das Glück
ergreift dein Gefühl
Dein Gefühl
überschlägt sich vor Glück

Du hast mich enttäuscht
aber
Gott sei Dank
auch ich habe
dich getäuscht

Dein Blick

Wichtig
kommst du
zur Tür herein
Du stehst
wie angewurzelt
und gibt´s deine Befehle

Du hast den Blick
einer Stubenfliege

Irgendwann
öffne ich das Fenster

Und lasse dich fliegen

Auch das bist du

In deinem Innern
herrscht Chaos
Doch
in deinen Schubladen
da herrscht Ordnung

Wenn du lachst
sehe ich deine Zahnlücke
Doch
für gestern Nacht
präsentierst du mir
ein lückenloses Alibi

Überlege einmal

Bevor
du anfängst
zu reden
überlege
warum und weswegen

Schaue mir dabei
in die Augen

Vielleicht
ist´s ja überflüssig
denn höre

Ich bin deiner
leider überdrüssig

Es ist genug

Nun gehe

damit ich
ruhig werden kann

Suche dir jemanden

damit ich
mich finden kann

Völlig überflüssig

Du
magst nicht mehr
über ihn nachdenken
Er nimmt dir
deine Freude

Eigentlich
möchtest du weggehen

Besser noch

Der Wind würde
ihn wegwehen

So mußte es kommen

Wir singen gemeinsam
das Lied unserer Liebe
Du singst in Dur
und ich
singe in Moll

Ich habe
noch den Klang
deiner Stimme im Ohr
Doch
der Gedanke an dich
ging mir verloren

Mit offenem Herzen
die Freiheit spüren
auch
wenn der Wind dir
die Haare zerzaust

Adieu mein Schatz

Deine Koffer
sind gepackt
Du wirst schwer
zu tragen haben

Die rostigen krummen Nägel
die du
im Küchenschrank
aufbewahrt hast
habe ich auch
mit eingepackt

Ade
alles bleibt
sonst beim alten
Nur ich
nehme mir einen Neuen

Mannsbilder

Eigenwillig
war dein Blick
schon immer
Aber deine grauen Haare
sind für dich ein Gewinn

Bleibe ganz kuhl

Denn das Alter
ist nicht
der Abend des Lebens
Sondern
die Morgendämmerung der Weisheit

Domina

Arme Männer

Gedemütigte Kinder
Wer waren ihre Mütter
Ja der süße Schmerz
würzt die Lust des Lebens

Und die Seele blutet

Ich kannte dich

Dein Rückgrat
war längst schon verbogen
deine Seele tief verletzt

Die Droge in der Flasche
stand handbreit entfernt
von deinem Kinderbett

So stolperst du
hinaus ins Leben
deine Kraft war längst
schon aufgebraucht

Weiter kämpfen

Die Droge in der Flasche daneben

Es war gar kein Leben
Bis zum Ende stand stumm

Die Droge in der Flasche daneben

Wie konnte
so etwas geschehen

*Der Wald
die Lunge der Welt
Er
atmet so schwer
Menschen
haben ihn zerstört*

*Ich habe
sein Weinen gehört*

Wie ein Gespenst

Das Meer
hat keine Fische mehr
Schwarz und klebrig
schlägt
das Wasser ans Ufer

Das Meer wünscht sich
zu sterben

Flechtet einen Kranz
aus leeren Netzen

Sie hätten
alle so gerne gelebt

Du hast getötet
weil
deine Seele
schon lange tot ist

Denn
wer Andere tötet
möchte eigentlich
auch nicht mehr leben

Die Anderen
sind so schlecht

Hast du Mut
wollen wir
die Welt verändern

Hast du Mut
auch wenn man uns
die Besserwisser nennt

Man könnte doch
schon viel verändern

O nein
ich glaube
uns fehlt der Mut

So fangen wir doch
einfach
bei uns an

Alle möchten leben

Krieg
hat die Farbe
des Hasses
Mit kalten Augen
zielt er
auf die Leiber
zitternder Menschen

Blut
färbt die Erde rot

Krieg

Überall
wartet der Tod

Der Schleier
der Traurigkeit

Ich sah
ein Bild von dir

Welche Demütigungen
kann ein Mensch
noch ertragen

Ich kann nur erahnen
wie traurig und hoffnungslos
deine schönen Augen blicken

Meine Gedanken
sind immer bei dir

Und du
bist nur eine
von all den anderen
gedemütigten Frauen

Frauen
denen man
die Luft zu Atmen nimmt

Die Schwächsten

Kinder
mit traurigem Blick
die noch gar nicht
sprechen gelernt haben
weinen
mit flehenden Augen
Sie strecken dir
ihre kleinen
mageren Hände entgegen

Sie haben Hunger

Ihr Schicksal liegt
in deiner Hand

Ihr Schicksal liegt
In unseren Händen

Kinder sind
die besseren Menschen

Dein Atem
ist so rein wie die Blüten
der weißen Lilie
Dein Blick
ist so klar wie das Gletschereis

Du bist ein Kind
ohne Arg
Ein Kind
so rein wie der lichte Tag

Mein Deutschland

Du mein Land
ich liebe dich
Bin dir ergeben
mit Herz und auch mit Hand

Du mein Land
bin stolz auf dich
Denn
du sorgst für mich

Du bist mein Land
ich bleibe hier
denn nirgends
geht's
mir besser als bei dir

Es weihnachtet

Ich hefte
einen Kranz an meine Tür
denn
es ist Weihnachtszeit
Ich zünde
eine Kerze an
und stelle sie ins Fenster
Ich schaue
in den Himmel
und sehe
den Stern von Bethlehem

Ich bete für den Frieden

Wenn das Licht
auf der Straße flutet
Wenn der Bettler
seine Hand ausstreckt
weil sein Herz blutet

Dann ist Weihnachten

12 Uhr Mitternacht

*Ich falle dem Neuen Jahr
in die Arme
Es soll mich sorgsam tragen
an allen Tagen*

*Wie ein Edelstein
will ich die Zeit hüten
Mich erfreuen
an allem Schönen*

*Das Neue Jahr
will ich nutzen
um gerecht und gütig zu sein*

*Ich lache dir entgegen
du wunderbares Neues Jahr*

Weinen ohne Tränen

Er hält die Geige
liebevoll im Arm
Er streichelt zärtlich
ihre Saiten
Begnadet tasten
seine schmalen Finger
Schluchzend
weint er
mit seiner Geige

Tränen die keiner sieht

Ich weiß
nicht viel von dir
Doch
man sagt mir
daß
du manchmal heimlich weinst

Du
hast dich
nie beklagt
hast viel zu viel gewagt

Das Glück im Leben
sei nun dein´s
Auch
wenn es ist
mal Ebbe und mal Flut
mal
tugendhafter Mut

Du kommst heim

Schon an deinem
beschwingten Gang
sehe ich
daß es dir gut geht

Du hast
Blumen in der Hand

Sie sind für mich

Mit einem Augenzwinkern
und einem feuchten Kuß
umarmst du mich

Du bist schlecht rasiert
Doch
gerade das gefällt mir

Du hast dich
nicht verändert

Wie
hast du es
nur geschafft
Ich
bewundere dich
Du hast es
sehr weit gebracht
doch
am meisten
bewundere ich

deine Menschlichkeit

Zauberei

Du trägst immer noch
den jugendlichen Zauber
in deinem Gesicht
Immer noch
hast du
dein bezauberndes Lachen

Immer noch
finde ich dich
einfach zauberhaft

Ich warte auf dich

Wo der reißende Strom
sich ins Meer ergießt
Wo der Sturmwind
die Wellen zerreißt

Dort wo das Wasser
in schwarze Tiefen fließt
Und die Gischt
bis zum Himmel reicht

Ja da steh ich
und ich
warte nur auf dich
Und der Wind
er streichelt mich

Und ich träum'
in die Nacht
und mein Herz wird schwer
Doch ich komm
immer wieder hier her

Warum erst jetzt

Heute
fasse ich mir ein Herz
Heute
sage ich dir
daß ich dich liebe

Oder
sage ich es dir
lieber erst morgen

Vielleicht
hätte ich es dir
aber auch schon
gestern sagen sollen

Egal

Jedenfalls
werde ich dich
für alle Zeiten lieben

Es gibt
so viele Gärten

Im Garten der Liebe
blüht es mannigfaltig
Auch die schönste Blume
verwelkt eines Tages

Falle nicht
in Verzweiflung
lege dir
einen neuen Garten an

Immer
wenn es Nacht wird

Ich pflücke dir
die schönste Rose
Doch
du sollst es gar nicht wissen
Denn
du machst dir
nichts aus mir
Doch
ich träume jede Nacht
von deinen Küssen

Gedanken an dich

Ein Atemzug
von dir entfernt
und ich bin einsam

Ein Wimpernschlag von dir
läßt mich erbeben

Alles was du fühlst
fühl' auch ich

Alles was du bist
bin auch ich

Über die Liebe

Rosenknospen
erblühen nur
wenn sie die Sonne küßt

Behutsam
mit zarten Händen
berühre ich
die Blüten der Liebe

Du hast mir versprochen
mich immer zu lieben
Ich
versprach dir nichts
doch
ich werde dich
immer lieben

Du schaust mich an
als sollte ich
dir sagen
daß ich dich liebe

Es wäre schön

Sommerwind
verweht unsere Spuren
Sommerwind
er trocknet mein Haar
Sommerwind
er flüstert von Liebe
Sommerwind
meine Sehnsucht ist da

Deine Augen
so tief wie das Meer
träumen von Liebe und Glück
Du bist bei mir
und wir leben zu zweit
unseren Sommernachtstraum

Ich habe Sehnsucht
Sehnsucht nach dir
mir fehlen Flügeln
auf dem Wege zu dir

Es ist wie ein Wunder

Wenn deine Hände
mich berühren
bleibe ich ganz stumm

Ich schließe die Augen

Du mußt
heilende Hände haben

Deine Wärme dringt
bis in meine Seele
bis in jede Faser
meines Herzens

Eine Kerze im Wind

Eine Kerze im Wind
von der Hoffnung getragen
daß der Sturm
sich bald legt
um den Weg neu zu wagen

Und Du traust
deinen Augen nicht
dort
brennt schon ein Licht

Und du winkst
doch
du schaust nicht zurück

Denn du bist
auf dem Wege zum Glück

Die Gedichte im Überblick

Von Käte Micka sind bereits folgende
Gedichtbändchen erschienen:

„Erlebte Gefühle"
Gedichte
ISBN 3-8311- 0307-0
€ 7,50

„Spuren des Lebens"
Gedichte
ISBN 3-8311-3165-1
€ 7,50